Dieses Buch gehört:
Clarissa und Ulli

Für

Alexander, Ali, Andrea, Antje, Andreas, Arno, Barbara, Bastian, Benjamin, Boris, Britta, Brigitta, Bruno, Brigitte, Cay, Christiane, Christian, Claes, Claus, Colette, Collin, Cora, Gabi, Cornelius, Dani, Daniel, David, Dieter, Dietmar, Dirk, Edgar, Elisabeth, Felix, Florian, Fritz, Frederik, Franziska, Geka, Heidi, Heiner, Heinz, Hilde, Horst, Ilse, Inge, Ingrid, Inka, Clarissa Jan, Jana, Jeanette, Jochen, Josefine, Josi, Jürgen, Jule, Julika, Julia, Karin, Kaspar, Katja, Katinka, Katrin, Klas, Klaus, Kirsten, Kristof, Laura, Leo, Linn, Lotte, Lutz, Marjan, Marjuschka, Maja, Maren, Marc-Daniel, Markus, Martina, Martin, Mascha, Matthias, Max, Meike, Michael, Monika, Nathalie, Nikola, Nicole, Nikolai, Nils, Oliver, Patrick, Pia, Pit, Philipp, Puppa, Ralf, Rolf, Rainer, Reimer, Réné, Robert, Rudolf, Rupert, Rosemarie, Sabine, Sebastian, Siggi, Simone, Sonja, Stefanie, Stefan, Susanne, Sven, Sibylle, Simon, Tanja, Thekla, Thomas, Tim, Till, Theo, Toni, Uli, Ulrike, Ursula, Uta, Ulla, Uwe, Ulrich, Udo, Valerie, Vanessa, Verena, Viktoria, Vivi, Vera, Viktor, Vinzenz, Volker, Wilma, Walter, Willi, Schnasi, Peter, Huck, Frantz, Ivanka, Bogdan, Bernd, Ina, Icki, Astrid, Adelie, Pouk, Stás, Madeleine, Mo, Diemuth, Christl, Hermann, Marion, Hajo, Gerd, Claire, Micky, Harola, Manuel, Tom, Helmut, Heino, Alfred, Wolfgang, Gertrud, Axel, Jalka, Milan, Hugo, Erika, Manfred, Jörg, Giulia, Walther, Uschi

& Holja

ISBN 3-920192-42-7
VVA 297 000 42-6

D 4400 Münster Martinistraße 2
gedruckt vom Druckhaus Cramer, Greven
gebunden von Klemme & Bleimund,
Bielefeld.

Die Vogelhochzeit

ein Lehr-Lern- & Aufführungsbuch

von Antje Vogel

nach einem alten Kinderlied

Etwas bewegt
nach einer Volksweise
Ein Vogel wollte Hochzeit machen
in dem grünen Walde.
Fiederallala · fiederallala ·
fiederalla · la · la · la.

Wir feiern Hochzeit
Frau Amsel & Herr Drossel

Die Drossel war der Bräutigam,

die Amsel war die Braute.

Fiederallala · fiederallala ·

fiederalla · la · la · la.

Die Lerche · die Lerche,

die führt die Braut zur Kirche.

Fiederallala · fiederallala ·

fiederalla · la · la · la.

Der Sperling · der Sperling,

der bracht der Braut den Fingerring.

Fiederallala · fiederallala ·

fiederalla · la · la · la.

9

Der Auerhahn · der Auerhahn,

das war der fromme Herr Kaplan.

Fiederallala · fiederallala ·

fiederalla · la · la · la.

11,5 Km
11

Der Stieglitz · der Stieglitz, der
bringt der Braut den Hochzeitssitz.
Fiederallala · fiederallala ·
fiederalla · la · la · la.

Die Meisen · die Meisen,
die sangen Hochzeitsweisen.
Fiederallala · fiederallala ·
fiederalla · la · la · la ·

Der Wiedehopf · der Wiedehopf, der
bracht der Braut den großen Topf.
Fiederallala · fiederallala ·
fiederalla · la · la · la.

1 Topf

Der Storch mit seinem langen Schnabel,

der bracht das Messer und die Gabel.

Fiederallala · fiederallala ·

fiederalla · la · la · la

Die Enten · die Anten,

das war'n die Musikanten.

Fiederallala · fiederallala ·

fiederalla · la · la · la.

1.
2.
3.

Brautmutter war die Eule,

nahm Abschied mit Geheule.

Fiederallala · fiederallala ·

fiederalla · la · la · la.

23

Der Uhu · hu · der Uhu · hu,

der macht den Fensterladen zu.

Fiederallala · fiederallala ·

fiederalla - la · la · la.

Fensterladen

Nun ist die Vogelhochzeit aus,

und jeder geht vergnügt nach Haus.

Fiederallala · fiederallala ·

fiederalla · la · la · la.

Ende

1
2
3
4
5
6
7
8
9
10
11
12
13
14
28

Die Vögel aus der Vogelhochzeit in natürlicher Darstellung.

Die Feldlerche (1) ist 18 cm lang. Sie singt im Fluge, nistet am Boden. Vorkommen: Felder, Moore, Dünen. Die Amsel (2) ♂ (3) ♀, auch Schwarzdrossel genannt, ist 25 cm lang. Vorkommen: Wälder, Gärten, Dörfer, Städte. Der Haussperling «Spatz» (4) ♂ (5) ♀ ist 15 cm lang. Vorkommen: Dorf und Stadt. Der Stieglitz (6) ist 12 cm lang. Vorkommen: Gärten, Parkanlagen. Der Wiedehopf (7) ist 28 cm lang. Er nistet in Baumhöhlen. Vorkommen: Waldrand, Obstgärten, Parklandschaft. Die Kohlmeise (8) ist 14 cm lang, die Blaumeise (9) 11 cm. Beide brüten in Nisthöhlen, Baumhöhlen oder Mauern. Vorkommen: Laub- und Mischwälder, Gärten, Hecken. Der Uhu (10) ist mit 70 cm Länge die größte Eule Europas. In Deutschland leben nur noch wenige Uhus. Vorkommen: Große Wälder, Klippen, Berghänge, Steppen. Der Waldkauz (11) ist 38 cm lang. Vorkommen: Alte Wälder, Parkanlagen, große Gärten.

Der Auerhahn (12) ist 86 cm lang. In Deutschland lebt er kaum noch. Vorkommen: Nadelwälder der Gebirge, im Winter mehr auf Bäumen als im Sommer. Die Stockente (13) ist 58 cm lang. Das Weibchen ist hell- und dunkelbraun gefärbt. Vorkommen: Fast jedes Gewässer.
Der Weißstorch (14) ist 102 cm lang. Er ist bei uns sehr selten geworden. Störche nisten auf Wohnhäusern und Scheunen mit einem Wagenrad als Nestunterlage, auch auf Bäumen. Vorkommen: Sümpfe, feuchte Wiesen.

Die Zeichen bedeuten: ♂ Männchen
♀ Weibchen

Die Länge eines Vogels wird von der Schnabelspitze bis zur Schwanzspitze gemessen:

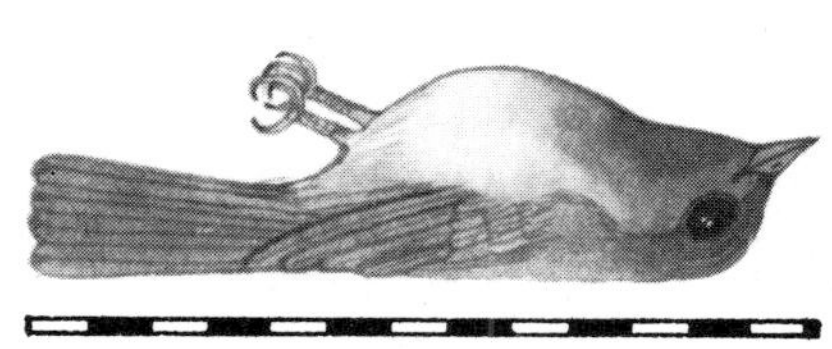

Rotkehlchen 14 cm

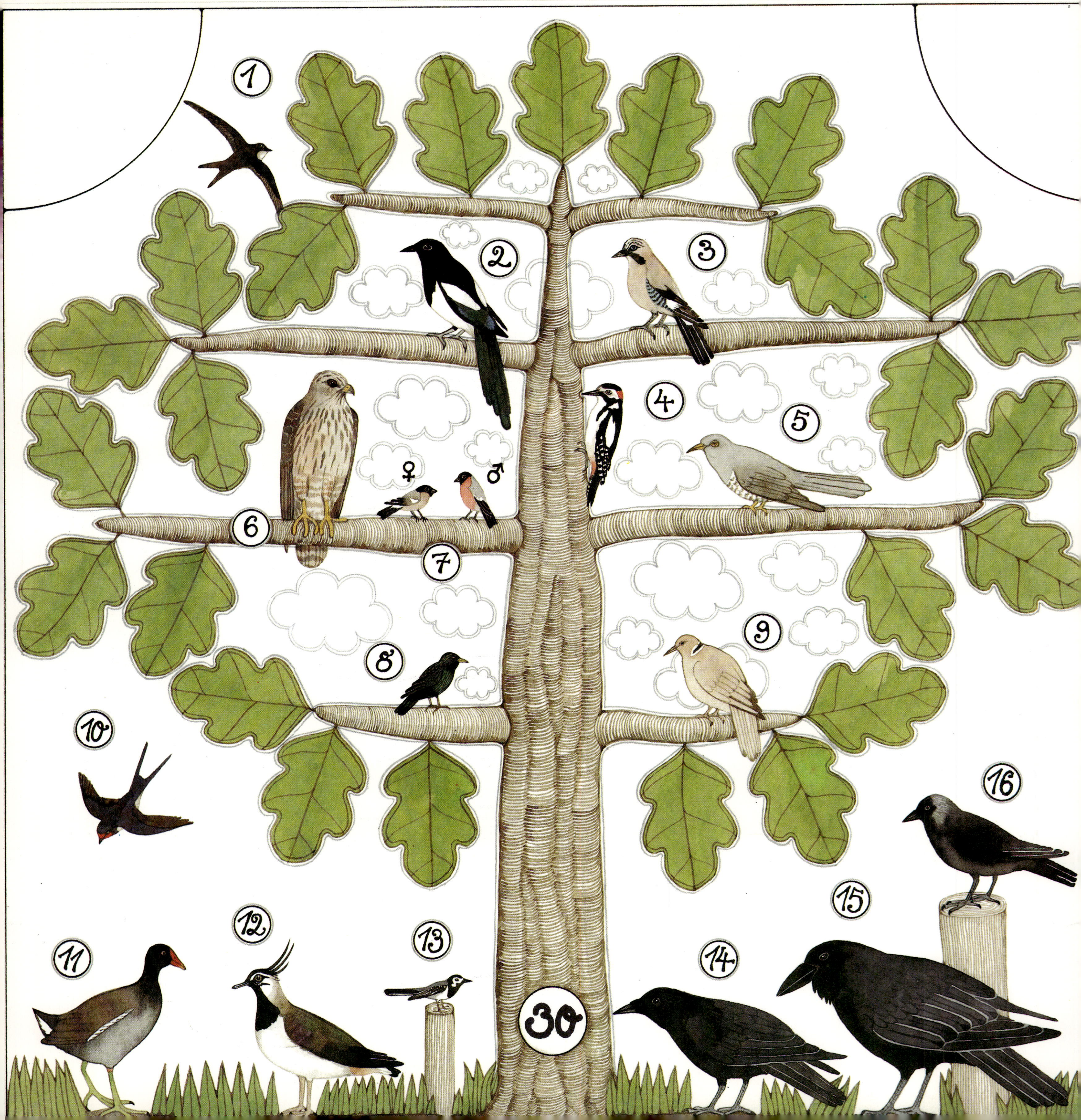
1
2
3
4
5
♀
♂
6
7
8
9
10
16
15
11
12
13
14
30

Andere Vögel in natürlicher Darstellung.

Der Mauersegler (1) ist 16,5 cm lang. Vorkommen: In der Luft, vor allem in Ortschaften zahlreich. Die Elster (2) ist 46 cm lang. Vorkommen: Felder und offenes Gelände mit Hecken und einzelnen Bäumen. Der Eichelhäher (3) ist 34 cm lang. Vorkommen: Nadel- und Laubwälder. Der (4) Buntspecht ist 23 cm lang. Vorkommen: Wälder und Gärten, auch in Nadelwäldern. Der Kuckuck (5) ist 33 cm lang. Das Weibchen legt die Eier einzeln in die Nester anderer Vögel. Vorkommen: Wälder, offenes buschbestandenes Gelände. Der Mäusebussard (6) ist 55 cm lang. Er kreist oft stundenlang im Segelflug über Felder und Wälder. Vorkommen: Moore, Ebenen, Gebirge, Kultur- und Waldland. Der Gimpel (7) ist 15 cm lang. Vorkommen: Wälder, Parkanlagen, Gärten. Der Star (8) ist 22 cm lang. Er ahmt oft andere Vogelstimmen nach. Vorkommen: Überall in Stadt und Land. Die Türkentaube (9) ist 28 cm lang. Vorkommen: Städte und Dörfer. Die Türkentaube hat sich erst in den letzten Jahren weit nach Nordwesten ausgebreitet. Die Rauchschwalbe (10) ist 19 cm lang. Vorkommen: Offenes Kulturland mit Gehöften, Wiesen, Teichen. Das Teichhuhn (11) ist 33 cm lang. Es schwimmt gern mit dem Kopfe nickend, fliegt nur niedrig mit baumelnden Beinen. Vorkommen: Teiche, Tümpel, Altwässer, Sümpfe und angrenzende Wiesen. Der Kiebitz (12) ist 30 cm lang. Vorkommen: Sumpfwiesen, Weiden, Felder, Sümpfe, Moore. Die Bachstelze (13) ist 18 cm lang. Vorkommen: An Gräben, Flußufern, in offenem Gelände, in Ortschaften. Die Rabenkrähe (14) ist 47 cm lang. Vorkommen: Kulturland mit Bäumen, Parks, Wälder, Moore. Der Kolkrabe (15) ist 63 cm lang. In Deutschland ist er sehr selten. Die Dohle (16) ist 33 cm lang. Vorkommen: Dörfer und Städte.

Meine Vogel-Kostüme

Für die Vogelkostüme braucht Ihr gar nicht so viel: Filz oder Stoffreste, Mutters Rock und Schuhe,

Vaters Hut und Turnschuhe, alles andere habt Ihr so oder so ähnlich selber im Schrank. Die

Schnäbel bastelt Ihr aus dickem Papier, die Federn aus Papier, Filz oder Stoff.

Schnabel-Schnittmuster

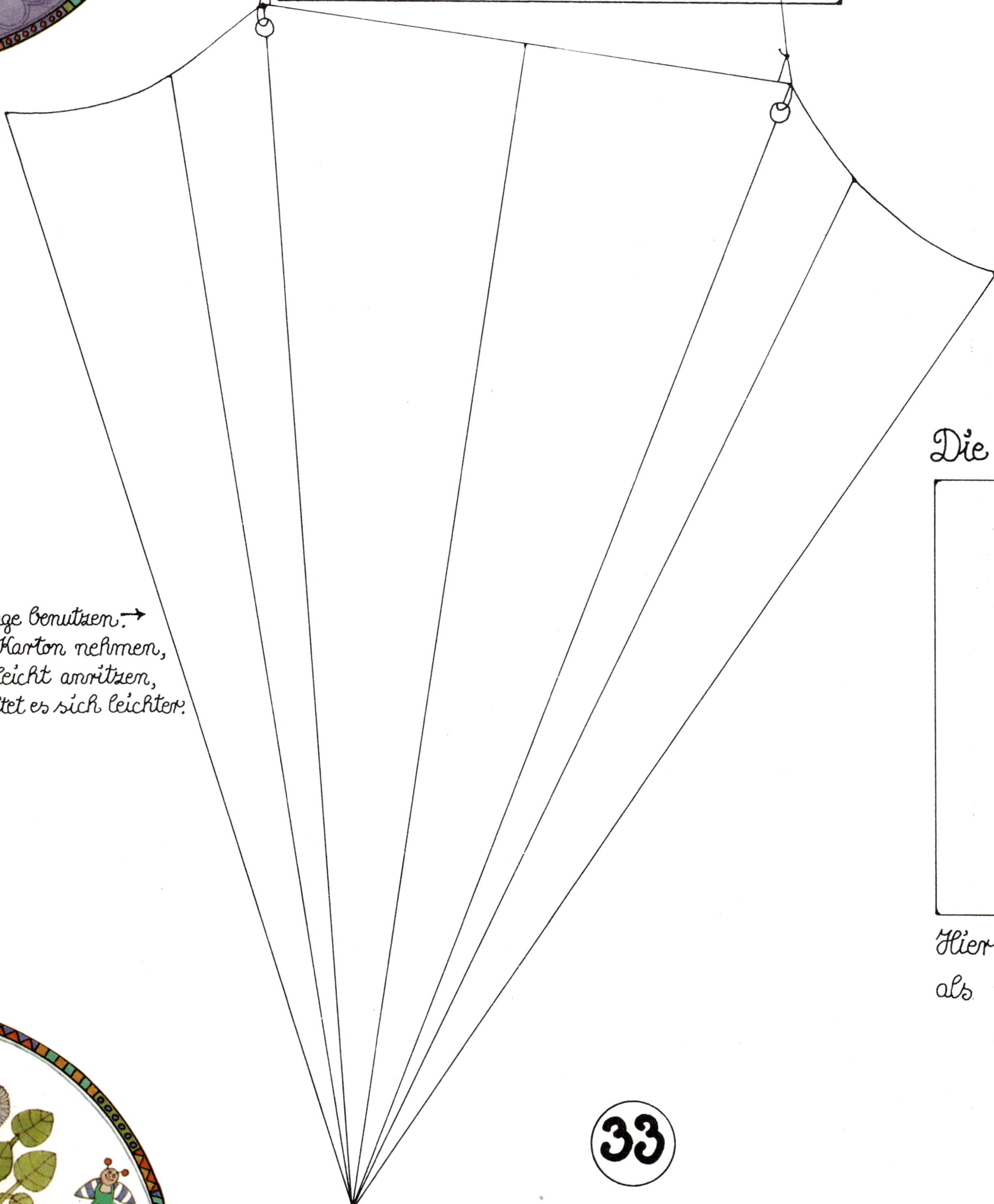

Vorlage benutzen. →
en Karton nehmen,
en leicht anritzen,
ı faltet es sich leichter.

Die Vogelhochzeit

1 Foto

Hier seht Ihr

als am

Meine Feder-Sammlung

Hier einkleben und wie gezeigt beschriften.

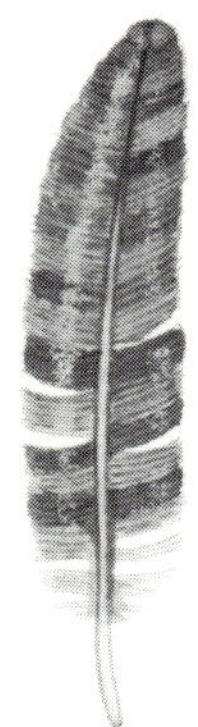

Name: Eichelhäher
Fundort: Schloßgarten Münster
Datum: 3.7.78

Meine Feder-Sammlung

Meine Verse-Sammlung

(1.) Die Katzen - die Katzen,
die fingen an zu schmatzen.
Fiederallala - fiederallala -
fiederalla - la - la - la.

(2.) Der Papagei - ★ Hier selber weiterdichten.

Meine Verse-Sammlung

Auf der folgenden Seite findet Ihr die 13 Bilder aus der Vogelhochzeit, die Ihr

in Eurem Zimmer oder wo auch immer aufhängen könnt. Dabei werdet Ihr feststellen, daß die Bilder beliebig aneinandergereiht werden können, da die Horizonte in gleicher Höhe beginnen. So habt Ihr ....? Möglichkeiten Eure Wand zu gestalten.